Walter Trobisch

Liebe dich selbst

Selbstannahme
und
Schwermut

R. BROCKHAUS

R. Brockhaus Taschenbuch Bd. 226

20. Auflage 1991, 177.–184. Tausend

Umschlagfoto: H. Mante – ZEFA
Gesamtherstellung: Breklumer Druckerei Manfred Siegel KG

ISBN 3-417-20226-4

Inhalt

»Was die anderen, was die Umwelt betraf, so machte er beständig die heldenhaftesten und ernstesten Versuche, sie zu lieben, ihnen gerecht zu werden, ihnen nicht weh zu tun, denn das ›Liebe deinen Nächsten‹ war ihm so tief eingebleut wie das Hassen seiner selbst, und so war sein ganzes Leben ein Beispiel dafür, daß ohne Liebe zu sich selbst auch die Nächstenliebe unmöglich ist, daß der Selbsthaß genau dasselbe ist und am Ende genau dieselbe grausige Isoliertheit und Verzweiflung erzeugt wie der grelle Egoismus.«

Hermann Hesse
Steppenwolf

I. Selbstliebe

1. Keiner liebt sich selbst

Das Mädchen betrat unser Hotelzimmer. Tags zuvor hatten meine Frau und ich an einer der Universitäten in Nordeuropa gesprochen. Das Hotelzimmer war der einzige Raum, der uns für Aussprachen zur Verfügung stand.

Ellen war ein hübsches skandinavisches Mädchen. Langes blondes Haar fiel ihr über die Schultern. Mit natürlicher Anmut nahm sie in dem Sessel Platz, den wir ihr anboten, und blickte uns aus lebhaften, tiefblauen Augen an. Ihre langen Arme erlaubten es ihr, ihre Hände über ihren Knien zu falten. Wir bemerkten ihre feinen, schmalen Finger, die auf eine empfindsame, wertvolle Persönlichkeit schließen ließen.

Als wir uns mit ihr über ihre Probleme unterhielten, stießen wir immer wieder auf eine Frage, die allen anderen zugrunde zu liegen schien. Ellen litt unter einem Problem, das wir, als sie unser Zimmer betrat, zu allerletzt bei ihr vermutet hätten: sie konnte sich selbst nicht lieben. Mehr noch, sie haßte sich selbst in einem solchen Maße, daß sie nur einen Schritt davon entfernt war, ihrem Leben ein Ende zu setzen.

Als wir sie auf ihre offenkundigen Gaben hinwiesen – ihr erfolgreiches Studium, den guten Eindruck, den sie durch ihre äußere Erscheinung auf uns gemacht hatte –, schienen wir auf taube Ohren zu stoßen. Sie ließ kein gutes Haar an sich selbst. Sie hatte Angst, Selbstbejahung bedeute der Versuchung zum Stolz zu erliegen, und wenn sie stolz sei, würde Gott sie abweisen. Sie war in einer Familie aufgewachsen, in der eine enge Frömmigkeit geherrscht hatte, und man hatte ihr eingebleut, Selbstherabsetzung sei christlich, und Selbstverwerfung sei die einzige Möglichkeit, um von Gott nicht verworfen zu werden.

Wir baten Ellen, aufzustehen und in den Spiegel zu blicken. Sie wandte ihr Gesicht ab. Mit sanfter Gewalt zwang ich sie, sich selbst in die Augen zu blicken. Sie zuckte zusammen, als bereite ihr das körperlichen Schmerz.

Es dauerte lange, bis sie – immer noch ohne Überzeugung – den Satz flüstern konnte, den ich sie zu wiederholen bat: »Ich bin ein schönes Mädchen.«

Es ist eine bewiesene Tatsache, daß niemand mit der Fähigkeit zur Selbstliebe geboren wird.

Der Psychotherapeut Dr. Guido Groeger faßt die Erkenntnisse der modernen Tiefenpsychologie folgendermaßen zusammen:

»Es scheint die Anschauung vorzuherrschen, als sei es selbstverständlich, daß jeder Mensch sich selbst liebt und es lediglich darauf ankomme, ihn ständig dazu anzuhalten, andere zu lieben . . . Der Tiefenpsychologe jedenfalls hat zu konstatieren, daß es keine angeborene Selbstliebe des Menschen gibt. Sie wird entweder erworben oder nicht. Wer sie nicht oder nur ungenügend erwirbt, ist auch nicht oder nur ungenügend zur Liebe anderen wie auch Gott gegenüber fähig. – Es ist nun aber nicht nur so, daß die Fähigkeit zur Selbstannahme in der frühen Kindheit gelegt wird. Es stellt sich auch so dar, daß der Mensch auch als Erwachsener in unterschiedlicher Häufigkeit und Stärke, je nach den Situationen seines Lebens, der Bestätigung, der Annahme bedarf. Weil das weithin im kirchlichen Bereich nicht praktiziert wird, entsteht die Gestalt des *pflichtgemäß* Liebenden, der damit nicht nur andere, sondern auch sich selbst quält. Oft genug wird auch die Berufswahl auf Grund eines solchen Liebesdefizits vorgenommen: wonach man selbst Bedarf trägt, hofft man dadurch zu erhalten, daß man sich um andere müht. Aber dies ist eine Fehlrechnung.«[1]

Ähnlich schreibt der Philosoph Romano Guardini in seiner Schrift »Die Annahme seiner selbst«: »An der Wurzel von allem liegt der Akt, durch den ich

[1] Guido Groeger, Unveröffentlichter Brief, 1967

mich selbst annehme. Ich soll damit einverstanden sein, der zu sein, der ich bin. Einverstanden, die Eigenschaften zu haben, die ich habe. Einverstanden, in den Grenzen zu stehen, die mir gezogen sind . . . Die Klarheit und Tapferkeit dieser Annahme bildet die Grundlage alles Existierens.«[2]

Wenn diese beiden Aussagen stimmen, wenn also einerseits die Selbstannahme die Grundlage alles Existierens ist und wenn andererseits niemand mit der Fähigkeit zur Selbstannahme und Selbstliebe geboren wird, dann stehen wir vor einer ungeheuren Aufgabe, und jeder muß sich fragen:

Habe ich mich selbst voll und ganz angenommen?

Mit meinen Gaben? Mit meinen Grenzen? Mit meinen Gefahren?

Habe ich mein Geschick angenommen? Mein Geschlecht? Meine Sexualität? Mein Lebensalter?

Sage ich ja zu meiner Ehe, meinen Kindern, meinen Eltern? Ja zu meiner Ehelosigkeit?

Sage ich ja zu meiner materiellen Lage? Zu meinem Gesundheitszustand? Zu meinem Aussehen?

Kurz gesagt: Liebe ich mich selbst?

Psychologen und Seelsorger sind in letzter Zeit dazu übergegangen, das Wort »Liebe« immer mehr durch

[2] Romano Guardini, *Die Annahme seiner selbst*, Werkbundverlag, Würzburg, 5. Auflage, 1969, S. 14 u. 16

das Wort »Annahme« zu ersetzen. Ich empfinde das als hilfreich, denn das Wort »Liebe« ist zu einer abgegriffenen Münze geworden. Das Wort »Annahme« wehrt dem romantischen und sentimentalen Mißverständnis sowie dem einseitigen sexuellen Verständnis des Wortes Liebe. Lieben heißt zunächst, den anderen annehmen, wie er ist. Genau dies war eines der Probleme der Studentin, die uns in jenem Hotelzimmer besuchte. Sie kam mit keinem Menschen zurecht, weder mit ihren Kommilitonen, noch mit ihren Professoren, noch mit ihren Nachbarn, noch mit ihrer eigenen Familie. Sie war voll von Ablehnung und Kritik.

Als wir sie nach dem Grund fragten, suchte sie die Schuld einzig und allein bei sich selbst. Sie sagte, sie liebte sich selbst zuviel, dächte nur an sich selbst, und nannte sich einen Egoisten. Deshalb könnte sie andere nicht annehmen und wirklich lieben.

Wir mußten ihr widersprechen. Wir behaupteten, genau das Gegenteil sei der Fall. Es falle ihr schwer, andere zu lieben, weil sie sich selbst nicht genug liebe. Wir können den anderen nicht annehmen wie er ist, wenn wir uns nicht selbst angenommen haben wie wir sind.

2. Liebe dich selbst!

Von hier aus fällt nun ein ganz neues Licht auf das Gebot Jesu, das er dem Gebot der Gottesliebe gleichgestellt hat: »Du sollst deinen Nächsten lieben *wie dich selbst*« (Matth. 22, 38; Mark. 12, 30; Luk. 10, 27).

In der Bibel finden wir dieses Gebot zum ersten Mal in 3. Mose 19, 18. Außer an den oben erwähnten findet es sich im Neuen Testament noch an drei anderen Stellen, und zwar immer an ganz entscheidenden, zusammenfassenden Stellen. In Gal. 5, 14 wird es ein Gebot genannt, in dem das ganze Gesetz mit einem Wort erfüllt ist; in Jak. 2, 8 wird es als Erfüllung des königlichen Gesetzes bezeichnet; und in Röm. 13, 9 als die Zusammenfassung aller Gebote. Es ist eindrucksvoll, diese Stellen einmal nachzulesen. Nie fehlt der Aufforderung zur Nächstenliebe der schwerwiegende Zusatz: *wie dich selbst*.

Allgemein wird das nun so verstanden: Jeder Mensch liebt selbstverständlich sich selbst. Jeder ist ein Egoist. So soll es aber nicht sein. Das ist falsch. Statt dessen soll er seinen Nächsten lieben.

Genau das steht aber nicht da. Es heißt nicht: »Liebe deinen Nächsten *statt* deiner selbst«, sondern »Liebe deinen Nächsten *wie* dich selbst.« Die Selbstliebe wird zwar als selbstverständlich vorausgesetzt, aber eben nicht verurteilt, sondern geradezu zum

Maßstab, zum Kriterium für das Verhalten zu unserem Nächsten erklärt.[3]

Die Bibel nimmt somit die Erkenntnis der Tiefenpsychologie vorweg, daß es keine Nächstenliebe ohne Selbstliebe gibt. Beide sind im Liebesgebot Jesu untrennbar miteinander verklammert.

Die Frage erhebt sich nun, wieso Jesus hier etwas als selbstverständlich voraussetzen konnte, was uns doch nach der Aussage von Dr. Groeger nicht angeboren ist, sondern im Laufe des Lebens erst mühsam erworben werden muß. Ich kann es mir nur so erklären, daß die Menschen der biblischen Zeit im Vergleich zu uns viel mehr in sich selbst ruhten, viel weniger neurotisch waren, und daß ihnen deshalb das Erwerben eines positiven Verhältnisses zu sich selbst, einer gesunden Selbstannahme, in ungleich höherem Maße gelang als uns. Darum konnte Jesus eine gute, gottgewollte Liebe zu sich selbst einfach voraussetzen, die uns, aus welchen Gründen auch immer, verlorengegangen ist. Wir müssen uns wahrscheinlich diese Voraussetzung schwerer erarbeiten als die Menschen der Zeit Jesu.

Könnte es sein, daß die Schwierigkeit, uns selbst zu

[3] Vgl. hierzu die Auslegung von 3. Mose 19, 18 von Martin Noth in »Das Alte Testament Deutsch«, Verl. Vandenhoeck & Ruprecht, Göttingen, 1962, S. 122.

lieben, eine der negativen Nebenwirkungen unserer sogenannten Zivilisation ist?

Beim Schreiben dieser Zeilen fallen mir viele meiner afrikanischen Freunde ein. Ihnen scheint es viel leichter zu fallen, sich selbst anzunehmen, als uns westlich geprägten Menschen. Ich denke da an einen meiner besten Freunde, einen Afrikaner, der ziemlich klein ist. Ein wohlmeinender Bekannter schlug ihm einmal vor, Schuhe mit höheren Absätzen zu tragen, um größer zu erscheinen.

Das war für meinen Freund fast eine Beleidigung. Hatte Gott ihn nicht klein erschaffen? Warum sollte er zu verändern versuchen, was Gott geschaffen hatte? Er hatte sich selbst angenommen, so wie er war, und liebte sich selbst mit seiner Körpergröße. Ich bin überzeugt, daß seine Selbstannahme einer der Gründe dafür ist, daß er mir ein so guter Freund sein kann.

Jedenfalls – und das kann ich nur ganz persönlich sagen – enthält für mich das Liebesgebot Jesu nicht nur einen Imperativ und einen Indikativ, also einen Befehl (»liebe deinen Nächsten«) und eine feststellende Aussage (»du liebst ja auch dich selbst«), sondern es enthält für mich auch einen zweiten Befehl: »Liebe . . . dich selbst!« Oder moderner ausgedrückt: Nimm dich selbst an! Nur wer sich selbst annimmt, kann den anderen annehmen. Nur wer sich selbst liebt, kann den anderen lieben.

In diesem Zusammenhang möchte ich noch auf zwei weitere Bibelstellen hinweisen. Bei der Schilderung der Freundschaft zwischen David und Jonathan fällt der bedenkenswerte Satz: »Jonathan gewann ihn lieb wie sein eigen Herz« (1. Sam. 18, 1). Das wird nicht im kritischen Sinne gesagt, als solle er endlich aufhören, sein eigenes Herz zu lieben, und sich stattdessen wegwenden vom Ich zum Du. Es wird vielmehr einfach vorausgesetzt, daß er sein eigenes Herz liebte und nicht sagte: »Ich habe Angst vor mir, mein Herz, das bin ich eigentlich gar nicht.« Nein, Jonathan liebte sein Herz, und das machte ihn fähig zu einer tiefen Freundschaft.

Ich frage mich: Liebe ich mein eigenes Herz? Oder getraue ich mich das nicht aus einer falschen Ängstlichkeit heraus?

Die andere Stelle ist das Kapitel über die Ehe, Eph. 5. Alles, was bisher gesagt wurde, ist nämlich von ganz entscheidender Bedeutung für die Beziehung zwischen Mann und Frau. Und in Eph. 5, 21–33 wird nun nicht weniger als dreimal auf die Selbstliebe hingewiesen: »Wer sein Weib liebt, liebt sich selbst« (V. 28). »Niemand hat jemals sein eigen Fleisch gehaßt« (V. 29). »Ein jeglicher habe lieb sein Weib als sich selbst« (V. 33).

Besonders schwerwiegend scheint mir die schlichte Aussage zu sein, die meist überlesen wird, obwohl sie doch in unseren Ohren ganz überraschend klingen muß: »Wer sein Weib liebt, liebt sich selbst.« Damit kann Paulus in diesem Zusammenhang nicht meinen: »Wer seine Frau liebt, ist ein Egoist und zeigt damit, daß er sich nur um sich selber dreht.« Sondern umgekehrt: Wer seine Frau liebt, erbringt damit den Erweis, daß ihm ein gehöriges Maß an Selbstannahme gelungen ist, daß er die Fähigkeit erlernt hat, sich selbst zu lieben.

Interessant ist übrigens, daß Paulus ausdrücklich auf die leibliche Dimension der Selbstannahme hinweist: »Also sollen auch die Männer ihre Weiber lieben wie ihre eigenen Leiber . . . Denn niemand hat jemals sein eigen Fleisch gehaßt.«

Ich frage mich: Liebe ich meinen eigenen Leib? Oder getraue ich mich das nicht aus einer falschen Ängstlichkeit, vielleicht sogar aus einer falschen »Geistlichkeit« heraus?

Liebe ich mich wirklich »mit Leib und Seele«?

3. Selbstliebe und Selbstlosigkeit

Ich könnte mir denken, daß mancher, der mir bis hierher gefolgt ist, nun schon ganz nervös geworden ist. Widerspricht das nicht allem, wozu wir als »gute Christen« erzogen worden sind? Heißt es nicht: »Wer sein Leben liebt, der wird's verlieren« (Joh. 12, 25)? – »So jemand zu mir kommt und haßt nicht sein eigen Leben, der kann nicht mein Jünger sein« (Luk. 14,26)? – »Will jemand mir nachfolgen, der verleugne sich selbst« (Matth. 16, 24)?

In der Tat: Wir sind so auf Selbstaufgabe, Selbstaufopferung, Selbstverleugnung getrimmt, die Angst vor jeglicher vermeintlichen »egoistischen« Regung ist uns so eingeimpft, daß uns die Aufforderung zur Selbstliebe fast als eine Blasphemie, eine offene Aufforderung zur Gottlosigkeit und zum Ungehorsam erscheint. Wo liegt die Grenze zwischen Selbstliebe und Selbstsucht? Zwischen Selbstannahme und Ichsucht, Ichhaftigkeit und Egoismus?

Es kommt jetzt viel darauf an, daß uns diese Grenzziehung gelingt. Eine Schwierigkeit besteht darin, daß das Wort »Selbstliebe« doppeldeutig ist. Es kann sowohl »Selbstannahme« als auch »Selbsthaftigkeit« bedeuten. Auf diesen Tatbestand weist auch Josef Piper in seiner Schrift »Zucht und Maß« hin: »Für den Menschen gibt es zweierlei Weisen der Hinkehr zu sich selbst (also der ›Selbstliebe‹): eine selbstlose und eine selbstische. Nur die erste wirkt Selbstbewahrung, die zweite ist zerstörerisch.«

Was mit der zerstörerischen Selbstliebe gemeint ist, wird uns deutlich vor Augen gehalten in der griechischen Legende des Jünglings Narziß, der sich, in einen

Brunnen schauend, in sein eigenes Spiegelbild verliebte und schließlich im verliebten, sich selbst suchenden, an sich selbst haftenden Schauen in den Brunnen fiel und darin ertrank.

Man spricht deshalb von »Narzißmus« oder, um die beiden griechischen Worte für »selbst« und »Liebe« zu verwenden, von »Auto-Erotismus«.

Selbstliebe im Sinne der Selbstannahme, wie sie oben dargestellt wurde, ist nun das genaue Gegenteil dieses Narzißmus oder Auto-Erotismus. Sie ist gewissermaßen ein Schritt, der wahrer – »bewahrender« – Selbstlosigkeit vorausgeht. Er ist ihr voraus-gesetzt. Nur wenn ich mein Selbst angenommen habe, kann ich es auch loslassen, kann selbst-los werden. Habe ich mein Selbst aber nicht gefunden, bin nicht zu meiner »Identität« gelangt, dann muß ich ständig suchen und werde – die Sprache ist hier sehr genau – selbst-süchtig, ich-süchtig.

Man könnte es so kraß formulieren: *Wer sich selbst nicht liebt, ist ein Egoist.* Er muß zwangsläufig zum Egoisten werden, sich gewissermaßen selbst ständig hinterherlaufen, sich selbst ständig suchen, wie Narziß. Und so wird er selbstsüchtig.

Von hier aus fällt ein Schlaglicht auf das Anwachsen der Süchte in unserer Zeit. Ich denke an die Trunksucht und Eßsucht, die Sexualsucht und Drogensucht. Sie sind alle die Folgen mangelnder Selbstannahme. Die Süchtigen suchen alle sich selbst und meinen sich zu finden in der kurzen Zeitspanne von Rausch und Traum, in einer Selbst-»Befriedigung« durch Trinken, Essen oder Sex, die nur ein noch tieferes Unbefriedigtsein zurückläßt und ein neues süchtiges Suchen veranlaßt. »Ich taumle von Begierde zu Genuß, und im Genuß verschmacht' ich nach Begierde« heißt es in Goethes »Faust«. Unsere Zeit ist so süchtig, so selbstsüchtig, weil es so wenig Selbstliebe, Selbstfindung, Selbstannahme gibt.

Selbstliebe und Selbstsucht schließen einander aus. Denn die Liebe »sucht nicht das Ihre« (1. Kor. 13, 5). Sie hat es gefunden. Darum kann sie es verschenken.

Ich kann nur geben, was ich habe, nur loslassen, was ich halte, nur verlieren, was ich besitze, nur verleugnen, was ich bin, nur »hassen«, was ich liebe. Mit dem Wort »hassen« meint die Bibel in diesem Zusammenhang keinen emotionalen Haß, sondern die Fähigkeit, Abstand zu nehmen von eigenen Wünschen und Bedürfnissen, ohne Rück-Sicht auf sich selbst. Voraussetzung dazu ist die Selbstliebe.[4]

Die Selbstliebe sagt: »Ich liebe mich« – also mich

[4] Vgl. hierzu Rudolf Affemann, *Geschlechtserziehung in der modernen Welt,* Gütersloh, S. 117: »Nur wer genügend er selbst ist, kann von sich absehen«. Das Wort »hassen« hat im Aramäischen die Bedeutung »an die zweite Stelle setzen«.

selbst –, und ist fähig, von sich weg zu sehen. Der Auto-Erotismus sagt: »Ich liebe Ich« – also nur mein Ich –, und blickt ständig auf sich selbst zurück.

Die Selbstliebe muß erworben werden. Der Auto-Erotismus ist uns angeboren.

Wir gehen alle durch eine auto-erotische Phase, ehe wir fünf Jahre alt sind, und treten am Beginn der Pubertätszeit noch einmal in sie ein. Bleiben wir in dieser Phase stecken, in der wir ganz auf uns selbst zentriert sind, wird uns das Erlernen der Selbstliebe nicht gelingen.

Seelischer Ausdruck der auto-erotischen Phase ist das Erlebnis des Verliebtseins, bei dem der Verliebte sein eigenes Bild in den anderen hineinprojiziert und sich im anderen spiegelt wie Narziß im Brunnen. Deshalb endet dieses Erlebnis »ent-täuschend« in dem Augenblick, wo die Wirklichkeit das Trugbild zerreißt und sich das Bild des anderen nicht mehr mit dem eigenen Spiegelbild deckt.

Körperlicher Ausdruck der auto-erotischen Phase ist die sogenannte »Selbstbefriedigung« oder Masturbation. Sie ist ein dieser Unreife-Phase am Beginn der Pubertät entsprechender Ausdruck und als solcher nicht tragisch zu nehmen.

Es stimmt auch, daß sie im rein körperlichen Sinn nicht gesundheitsschädlich ist. Dennoch ist es unsachlich, sie mit diesem Argument für alle Lebensalter herunterzuspielen und für harmlos zu erklären. Denn es könnte etwas viel Schwerwiegenderes eintreten als eine rein körperliche Schwächung, nämlich eine Behinderung des Reifungsprozesses der Persönlichkeit. Wer mit zwanzig Jahren und darüber hinaus noch regelmäßig masturbieren muß, zeigt damit, daß er in der auto-erotischen Phase steckengeblieben ist, und daß ihm der Erwerb der Selbstliebe noch nicht gelang. Seine Persönlichkeit ist gespalten, denn es kann keiner auf die Dauer Gebender und Nehmender gleichzeitig sein. Wer sich selbst voll angenommen hat, braucht nicht zu masturbieren. Er kann sich loslassen in ganz wörtlichem Sinn. Er wird reif zum Lieben.

Ich erinnere mich an ein Ehepaar, das wohl von allen seinen Freunden als sehr selbstlos beschrieben werden würde. Die beiden haben ein Haus, das allen möglichen Leuten mit irgendwelchen Nöten offensteht. Sie sind stets bereit, anderen zu helfen.

Ich kannte die beiden schon bevor sie einander kennenlernten. Jeder von ihnen war in einer lieblosen Familie aufgewachsen und hatte strenge, fordernde Eltern gehabt, die ihnen kaum einmal ein lobendes Wort gesagt hatten. Infolgedessen hatten beide ein unterentwickeltes Selbstwertgefühl und schlugen sich mit der Masturbation herum, die ihnen so etwas wie Trost bringen und den Mangel an Liebe ausgleichen sollte. Für den jungen Mann wurde die Selbstbefriedigung zu einer fast täglichen Gewohnheit.

Sobald sich die beiden ineinander verliebten, kam diese Gewohnheit zu einem abrupten Ende, und sie fanden beide einen Ausweg aus dieser Sackgasse. Nicht indem sie ihren Geschlechtstrieb durch Petting oder vorehelichen Geschlechtsverkehr befriedigten, sondern indem sie einander die Augen öffneten, so daß jeder die positiven Seiten des anderen und die eigenen positiven Seiten erkennen konnte. Sie halfen einander, sich selbst zu lieben. Für mich gibt es keinen Zweifel daran, daß diese gesunde Selbstliebe, die sie entwickelten, das Geheimnis ihrer Selbstlosigkeit war.

Ulrich Schaffer hat das sehr schön in seiner Meditation »mich selbst lieben« ausgedrückt:

mich selbst lieben

wenn ich dich mehr liebe
als mich selbst
liebe ich dich eigentlich weniger

wenn ich mich weniger liebe als dich
mache ich es dir schwerer
mich zu lieben

deine liebe zu mir
ist sehr abhängig
von der liebe die ich zu mir selbst habe

und meine liebe zu dir
wird stärker sein
wenn du dich so liebst wie du mich liebst

4. Der einzig Selbstlose nahm sich selbst voll an

Die Verklammerung von Selbstliebe und Selbstlosigkeit, von Selbstannahme und Selbstentäußerung, wird besonders deutlich, wenn wir einen Blick auf Jesus Christus werfen.

Jesus ruhte ganz in sich selber und war sich seiner Identität bewußt. Er war vollkommen deckungsgleich mit sich selbst. Mit großer Vollmacht konnte er sagen: »Ehe denn Abraham war, bin ich« (Joh. 8, 58). Und mit dem Gott, der von sich sagte: »Ich bin der, der ich bin« (2. Mose 3, 14) erklärte er sich eins: »Ich und der Vater sind eins« (Joh. 10, 30).

Es ist interessant, daß im Neuen Testament Aussagen über seine Identität den Aussagen über seine Selbstentäußerung vorausgehen. Ich will das an zwei Stellen aufzeigen. Der Bericht über die Fußwaschung, jene Handlung der Selbstverleugnung, beginnt mit einer majestätischen Aussage totaler Selbstannahme: »Jesus wußte, daß ihm der Vater alles in seine Hände gegeben hatte und daß er von Gott gekommen war und zu Gott ging.« Auf diesem Hintergrund erfolgt dann die Schilderung seiner Selbsterniedrigung und Selbstentäußerung. »Er stand vom Abendmahl auf, legte seine Kleider ab und nahm einen Schurz und umgürtete sich. Danach goß er Wasser in ein Becken, hob an den Jüngern die Füße zu waschen, und trocknete sie mit dem Schurz, mit dem er umgürtet war« (Joh. 13, 3–5).

Selbstannahme und Selbstlosigkeit stehen in unmittelbarem Zusammenhang; Jesus wußte, wer er war, und war einverstanden mit sich selbst. Er hatte die »Annahme seiner selbst« vollzogen. Darum konnte er sein Selbst loslassen und der Selbst-lose schlechthin werden. Darum brauchte er auch sein Selbst, seine Identität, sein Gleichsein mit Gott, nicht krampfhaft festzuhalten wie einen Raub, also wie etwas, was ihm eigentlich gar nicht gehörte, »sondern entäußerte sich selbst und nahm Knechtsgestalt an, ward gleich wie ein anderer Mensch und an Gebärden als ein Mensch erfunden; er erniedrigte sich selbst und ward gehorsam bis zum Tode, ja zum Tode am Kreuz« (Phil. 2, 6–7).

Wieder geht der Schilderung der Selbsterniedrigung

die Aussage der Identität voraus: »Obwohl er in göttlicher Gestalt war . . .« Durch diese enge Verklammerung sagt die Bibel aus: Es gibt keine Nächstenliebe ohne Selbstliebe. Pointiert könnte man es so sagen: Weil Jesus sich selbst liebte, war er selbstlos und konnte uns lieben »wie sich selbst«.

Nun sage keiner: Das ist eben Jesus – aber wer sind wir? Diesem Einwand nimmt Paulus den Wind aus den Segeln, wenn er der oben zitierten Schilderung von Selbstannahme und Selbstverleugnung die Aufforderung vorausschickt: »Ein jeglicher sei gesinnt, wie Jesus Christus auch war« (Phil 2, 5).

Ist Jesus aber unser Leben, dann bedeutet das, daß die Selbstannahme tatsächlich in einem letzten und tiefsten Sinn »die Grundlage alles Existierens« ist. Nachfolge ist ohne sie nicht möglich. Der Gehorsam der Selbstverleugnung setzt den Gehorsam der Selbstannahme voraus.

5. Selbstliebe lernen

Wenn das alles wahr ist, wenn der Selbstliebe diese Bedeutung zukommt, und wenn es andererseits stimmt, daß sie uns nicht angeboren ist, sondern erworben, erlernt werden muß, dann stehen wir allerdings vor einer bedrängenden Frage: Wie kann ich lernen, mich selbst anzunehmen, mich selbst zu lieben?

Es gibt darauf nur eine einzige, im Grunde einfache Antwort: Indem ich lerne, mich lieben zu lassen. Ich kann mich nur annehmen, wenn ich angenommen bin, nur lieben, wenn ich geliebt werde und mich selbst lieben lasse. Martin Buber sagt: »Der Mensch kommt zu sich selbst erst über das Du.«

Kürzlich beobachtete ich eine Frau, der man für ein schönes Kleid, das sie trug, ein Kompliment machte. Dieses Kompliment tat sie mit den Worten ab: »Ach, das ist doch nur ein altes Fähnchen, das ich schon jahrelang im Schrank hängen habe.« Selbst wenn das stimmte – und sehr wahrscheinlich stimmte es nicht –, schien mir klar zu sein, daß sie es nicht gelernt hatte, Anerkennung entgegenzunehmen, Annahme anzunehmen.

Das Gegenbeispiel ist eine Frau aus unserem Bekanntenkreis, die in einem Notizbuch alle erfreulichen Erlebnisse in ihrem Leben niederschreibt. Dort hält sie auch schriftlich Komplimente fest, die sie aus ihrem Familienkreis oder von Freunden bekommen hat. Nur ein Beispiel: Eines Tages sagte ihr ihr Vierjähriger: »Du bist die beste Mutti in der Welt.« Wenn diese Frau sich einmal niedergeschlagen oder deprimiert fühlt, öffnet sie einfach das Buch, um sich daran zu erfreuen.

Ich habe den Eindruck, daß wir aufgrund einer

falsch verstandenen christlichen Bescheidenheit und Demut dazu neigen, jeden Ausdruck des Lobes von uns zu weisen. Ja, wir tendieren sogar dazu, denen zu mißtrauen, die uns loben, und die Motive hinter ihrer Bejahung in Zweifel zu ziehen. So stoßen wir diejenigen, die uns loben, vor den Kopf, bis sie es aufgeben, ihrer Liebe uns gegenüber Ausdruck zu verleihen. Auf diese Weise bringen wir uns um die Erfahrung, geliebt zu werden, die so nötig ist, wenn wir es lernen wollen, uns selbst zu lieben.

Michelangelo schrieb an seine Freundin: »Wo ich dein bin, bin ich ganz erst mein.« Das unterstreicht noch einmal Eph. 5, 28: »Wer sein Weib liebt, liebt sich selbst.« Wo ich dein bin, also wo ich mich ganz von dir angenommen weiß, bin ich ganz erst mein.

Wohl denen, die dieses Angenommensein und Geliebtwerden schon als Säuglinge lernen durften und die eine Mutter hatten, die sie an ihrer Brust stillte! Beim sich Vollsaugen an der Mutterbrust, beim grenzenlosen Habenkönnen machten sie die Erfahrung, bedingungslos geliebt zu werden und angenommen zu sein. Da fühlten sie sich geborgen. Da entstand ihr Urvertrauen, das ihnen später die Arbeit der Selbstannahme, das Erlernen der Liebe zu sich selbst, ermöglichte oder mindestens erleichterte. Die Tatsache, daß das Stillen außer Mode gekommen ist und daß es den Müttern in den Krankenhäusern ausgeredet, ja geradezu verboten wird, ist sicher ein Grund für das Überhandnehmen der oralen Süchte in unserer Zeit.

Der Kettenraucher ist eben nicht männlich und erwachsen, und auch das Mädchen ist es nicht, das sich mit der Zigarette im Mund e-»mann«-zipiert vorkommt, sondern sie versuchen vergeblich nachzuholen, was ihnen als Säuglingen vorenthalten wurde, und nuckeln an der Zigarette oder am Trinkglas wie Babies an der Mutterbrust. Dabei sehnen sie sich im tiefsten nicht nach Nikotin und Alkohol, sondern nach der Erfahrung, geliebt zu werden, um sich selbst lieben zu können.

Aber nicht nur als Kleinkinder und Säuglinge, sondern auch als Erwachsene brauchen wir diese Erfahrung des Geliebtwerdens und Angenommenseins immer wieder neu, je nach den verschiedenen Situationen unseres Lebens. Wir alle wissen, wie gut uns ein positives Wort tut, ein kleines Lob, eine Anerkennung, eine Bestätigung. Kein Mensch kann seine Arbeit auf lange Zeit durchhalten ohne Anerkennung und Bestätigung. Wir brauchen sie wie das tägliche Brot, die Männer vielleicht noch mehr als die Frauen.

Warum? Ich weiß es nicht. Tatsache ist jedenfalls, daß das männliche ego schwächer ist als das weibliche ego. Vielleicht liegt es daran, daß der Mann von Anfang an ein Empfangender ist – schon als Säugling.

Vielleicht ist es aber auch darauf zurückzuführen, daß Frauen leichter die Aufmerksamkeit auf sich ziehen können, weil sie nun einmal schöner *sind*.

Kürzlich beobachtete ich Teenager bei einer Freizeit. Ich bemerkte, wie leicht die Mädchen andere aufgrund ihrer schönen Figur, ihres Haarschnitts und Make-ups anzogen. Die sechzehnjährigen Jungen mit ihren pickligen Gesichtern, verwaschenen Jeans und T-Shirts waren kein so schöner Anblick. Ich spürte, wie sehr sich diese Jungen nach Anerkennung und Bewunderung sehnten. Ich glaube, wenige Frauen machen sich klar, wie sehr ein Mann vom Lob einer Frau abhängig ist, mehr noch als umgekehrt.

Diese Unterschiede sind jedoch relativ. Wir alle benötigen das »tägliche Brot« der Anerkennung.

Genau dieses tägliche Brot aber enthalten wir einander vor. Wir »üben« meist nur Kritik, aber das Loben üben wir nicht. Wir waschen uns gegenseitig die Köpfe, aber nicht die Füße. Wir sagen uns nur die negativen Dinge und verunsichern einander.

Ganz besonders gilt das für den kirchlichen Bereich. In keinem anderen Bereich des Lebens wird Anerkennung und Lob so konsequent vorenthalten wie hier. Deshalb begegnen wir im kirchlichen Bereich ganz besonders oft jener Gestalt des »pflichtgemäß Liebenden«, von der oben die Rede war. Er kann sich selbst nicht lieben, weil er nie geliebt, nie gelobt wird.

Als ich in Afrika war, baute einer meiner Missionarskollegen eine Windmühle. Mit ihrer Hilfe wollte er Wasser aus einem tiefen Brunnen fördern. Die Idee war großartig. Aber wenn kein Wind wehte, hatten wir kein Wasser. Dann mußte ein Mann auf einem Fahrrad die nötige Energie produzieren. Es läßt sich leicht ausmalen, wie schnell er erschöpft war.

Wer nur pflichtgemäß liebt, gleicht dem Mann auf dem Fahrrad. Er versucht, aus eigener Kraft Liebe zu produzieren. Er bekommt keine Kraft von außen. Er kann nicht lieben, weil ihm die Liebe und Anerkennung anderer fehlen. Andererseits wird er nicht geliebt und anerkannt, weil er nicht liebt.

Damit stehen wir aber vor einer noch viel bedrängenderen Frage: Wenn es stimmt, daß wir die Selbstannahme nur dadurch erlernen können, daß wir uns annehmen lassen, dann sind wir im Grunde einem Teufelskreis ausgeliefert.

Einerseits können wir einander nur annehmen, wenn wir uns selbst angenommen haben. Andererseits können wir uns nur selbst annehmen, wenn wir angenommen werden, können uns nur selbst lieben, wenn wir geliebt werden.

Wenn das aber nicht geschieht? Wenn das Liebesdefizit von keiner Seite aufgefüllt wird? Was ist mit einem Menschenkind, das, aus welchem Grund auch immer, ohne Vaterliebe und Mutterliebe aufwachsen mußte und dem erst zu Hause, dann in der Schule und schließlich im Beruf ausschließlich Tadel und Kritik zuteil wurde? Wenn es wahr ist, daß der Mensch nur über das Du zu sich selber kommt – was geschieht dann, wenn das Du ausfällt?

Bleibt ein solcher Mensch dann nicht hoffnungslos allein? Bleibt ihm dann nicht doch nur die Flucht in die Sucht, in eine Selbstbefriedigung ganz gleich welcher Art? Für ihn fängt dann der Teufelskreis an sich zu drehen: Er kann nicht lieben, weder sich noch andere, weil er nicht geliebt wird, und er wird nicht geliebt, weil er nicht liebt.

6. Der Einbruch in den Teufelskreis

Psychologie und Philosophie können den Teufelskreis beschreiben und erklären. Aber sie können uns nicht heraushelfen. Er muß von außen durchbrochen werden.

In Römer 15, 7 weist der Apostel Paulus darauf hin, daß genau dies geschehen ist: »Nehmet einander an, gleichwie Christus uns hat angenommen zur Ehre Gottes.«

Jesus Christus ist der Einbruch in den Teufelskreis. Er hat ihn von außen aufgebrochen. Nun bekommen wir Boden unter die Füße. Christus ist derjenige, der uns annimmt wie wir sind, brutto, mit Verpackung, und der es uns dadurch ermöglicht, uns selbst anzunehmen und auch einander anzunehmen.

Es lassen sich zur Kindertaufe sicher sehr schwerwiegende und berechtigte Fragen stellen. Aber diese eine Botschaft hat sie: Daß Gott mich bedingungslos angenommen hat, noch ehe ich überhaupt etwas tun konnte. Deshalb schrieb Martin Luther, der eine schwere, lieblose Kindheit erlebt hatte und der darum sein Leben lang mit der Selbstannahme rang, in Zeiten tiefster Anfechtung den Satz groß mit Kreide vor sich auf den Tisch: »Ich bin getauft.«

»Lasset uns ihn lieben, denn er hat uns zuerst geliebt« (1. Joh. 4, 19). Lasset uns ihn annehmen, denn er hat uns zuerst angenommen! Gott hat angefangen mit dem Lieben. Er hat den ersten Schritt getan.

Die Frage ist: Was bedeutet mir diese Tatsache ganz praktisch? Trifft sie mich so tief, so persönlich, daß sie mich durchtönt, daß ich sie empfinden, erleben kann? Ist mir das Geliebtwerden von Gott so sehr Wirklichkeit, daß es mir auch Liebe ersetzen kann, die mir von Menschen vorenthalten wurde?

Wer sich von Christus finden läßt, findet auch sich selbst. Er kann sich annehmen wie er ist, brutto, d.h. nicht nur seine positiven Eigenschaften, sondern auch seine negativen, nicht nur seine Sonnenseite, sondern auch seinen Schatten.

Die Eltern einer angesehenen Familie riefen uns an. Ihr Sohn lag nach einem fehlgeschlagenen Selbstmordversuch im Krankenhaus.

»Ich werd's wieder tun«, waren die ersten Worte, die er meiner Frau und mir bei unserem Besuch sagte.

»Warum?«

»Ich bin ein Irrtum, ein Fehler. Ich sollte eigentlich gar nicht da sein.«

Wir verstanden ihn nicht.

Allmählich rückte er mit der ganzen Geschichte heraus. Er hatte ein häßliches Gespräch zwischen seinen Eltern mitgehört und dabei erfahren, daß er ein unerwünschtes Kind war. Seine Mutter hatte vergessen, die Pille zu nehmen, und bei einer Auseinandersetzung hatte sein Vater sie daran erinnert und ihr deshalb Vorwürfe gemacht.

Dieses Wissen hatte er nicht verkraftet. Es hatte ihn zerstört. Was sollte sein Leben für einen Sinn und Zweck haben, wenn er eigentlich gar nicht da sein sollte? Wenn seine Eltern ihn schon nicht wollten, wer dann?

Gott? Will Gott, daß alle Kinder geboren werden, die geboren werden? Selbst wenn deren Eltern sie nicht wollten? Diese Fragen waren ihm zu schwer gewesen. Also hatte er die Alarmglocke gezogen.

»Gott will dich«, versicherten wir ihm.

»Woher wollen Sie das wissen?« In seinem Gesicht

spiegelte sich Zweifel und Hoffnung gleichzeitig.

»Gott selbst war ein ungewolltes Kind«, antwortete ich. »Er kam unerwartet und ungeplant und stürzte seine Eltern in die größte Verlegenheit. Er kam zur Welt, ohne daß sie etwas dazu getan hätten, geschweige denn, daß sie sich ihn gewünscht hätten. Ja, er blieb sein Leben lang eine unerwünschte Person – bis man versuchte, ihn aus der Welt hinauszubefördern, indem man ihn kreuzigte.«

»Und dennoch«, fügte meine Frau hinzu, »hat es nie ein erwünschteres Kind gegeben, ein Kind, das Gott mehr geliebt hätte, nie einen Menschen, durch den mehr Menschen gesegnet worden wären, als Jesus.«

Das Gesicht des Jungen drückte ungläubiges Staunen aus.

»Ich – ein Segen?«

»Ja, ein besonderer Segen«, versicherten wir ihm.

Nie zuvor war uns Gottes Einbruch in den Teufelskreis deutlicher geworden. Der gänzlich Verstoßene nimmt die gänzlich Verstoßenen an. Der unerwünschte Gott will die, die unerwünscht sind. Der ungeliebte Gott liebt diejenigen, die ungeliebt sind. Der Gott, der Mensch wurde, will in jedem Menschen Wohnung nehmen. Deshalb gibt es für jeden Annahme.

Wir beteten gemeinsam mit dem Jungen und erlebten, wie er Gottes Annahme annahm.

7. Liebe ist mehr als Annahme

An diesem Punkt ist es nun nötig, eine Korrektur anzubringen. Bis hierher wurden die Worte »Liebe« und »Annahme« bewußt im Austausch verwendet und miteinander gleichgesetzt. Von Christus her aber wird deutlich, daß Liebe eben doch mehr ist als nur Annahme. Denn wer sich von Christus angenommen weiß, der kann nicht bleiben wie er ist. Wen Christus annimmt, der wird verändert. Er wird einem Wandlungsprozeß unterworfen.

Mir ist von daher einmal Joh. 1, 12 ganz neu aufgegangen. Ich will diesen Vers hier umschrieben wiedergeben: »Wer Christus aufnimmt, wer langsam lernt, ihm immer mehr sein Leben zu überlassen, sich von ihm lieben zu lassen, der erhält Macht, geschenkte Kraft, an sich zu arbeiten, um ein Kind Gottes zu werden, um in das Bild hineinzuwachsen, das Gott mit ihm gemeint hat.«

Luther prägte den tiefen Satz: »Die Liebe Gottes liebt nicht das Liebenswerte. Sie schafft das Liebenswerte.« Die Liebe arbeitet. Sie ist mehr als nur Annahme. Sie meißelt das Bild heraus, das Gott haben will – und das ist ein lebenslanger Prozeß. Angenommensein durch Gott heißt nicht: Du bist eben so, und da kann man halt nichts machen! Sondern: Ich nehme dich an wie du bist, aber nun beginnt die Arbeit der

Liebe, die allerdings auch deine Mitarbeit erfordert, deine Selbstliebe.

Jemand fragte mich verwirrt: Ja, wie ist das nun? Einerseits soll ich mich annehmen wie ich bin und mit mir »einverstanden« sein – andererseits soll ich an mir arbeiten und mich ändern!

Meine Antwort: Die Liebe Gottes dispensiert uns nicht von der Arbeit an uns selbst, sondern sie ermöglicht sie. Mich annehmen lassen durch Gott heißt nicht, daß ich die Hände in den Schoß lege und sage: »So bin ich eben«, sondern daß ich mich einem schmerzhaften Wachstumsprozeß ausliefere – alles Wachstum ist mit Schmerz verbunden – und den Meißel der Liebe Gottes an mir arbeiten lasse. Darum ist die Selbstannahme nur der erste Schritt, der Startpunkt, der not-wendige – eine Not wendende – Ansatzpunkt. Sie entbindet mich aber nicht von der Arbeit an mir selbst. Im Gegenteil: sie beauftragt mich damit und macht sie mir möglich.

Kritiker meines Büchleins »Ich liebte ein Mädchen« haben mir folgenden Vorwurf gemacht: »Sie haben diesen François, mit dem Sie da korrespondieren nicht angenommen; Sie wollten ihn statt dessen ändern, haben ihn zu einem anderen Verhalten herausgefordert.« Ich habe ihn jedoch sehr wohl zunächst einmal angenommen, wie die ersten Briefe zeigen. Aber dann habe ich ihn herausgefordert, weil ich ihn geliebt habe. Denn Lieben hat noch eine ganz andere Dimension als bloßes Annehmen. Wenn ich meinen Bruder liebe »wie mich selbst«, dann kann ich nicht anders als ihm zu helfen, er selbst zu werden, so zu werden wie Gott ihn gemeint hat.

Dr. Theodor Bovet schreibt: »Wenn ich mich richtig selbst liebe, dann ist es mir unmöglich, stehen zu bleiben, sondern ich will mich ändern, bis ich der bin, den Gott haben will.«[5]

8. Folgen mangelnder Selbstliebe

Man kann diesen Satz umkehren: Wenn ich mich falsch selbst liebe, dann ist es mir unmöglich, zu wachsen und mich zu ändern und der zu werden, den Gott haben will.

Viele Nöte sind auf mangelnde Selbstliebe zurückzuführen. Von den Süchten war bereits die Rede. Einige andere Folgen mangelnder Selbstliebe seien hier aufgezeigt.

[5] Theodor Bovet, *Die Liebe ist in unserer Mitte,* Tübingen, S. 177.

Auto-erotische Berufs- und Partnerwahl

Die Wahl von Helferberufen wird oft aus dem unbewußten Beweggrund heraus getroffen, ein Liebesdefizit aufzufüllen. Wonach man selber Bedarf trägt, hofft man dadurch zu erhalten, daß man sich um andere müht.

Aber diese Rechnung geht nicht auf. Ein solcher Helfer kann nicht wirklich helfen. Denn im Grunde braucht er den Hilfsbedürftigen nötiger, als der Hilfsbedürftige ihn braucht. Er hat es derart nötig, benötigt zu werden, daß er sich, je mehr er zu helfen versucht, um so mehr in sein eigenes Ich verstrickt und damit ganz unfähig wird, auf den anderen wirklich einzugehen, ihn zu verstehen.

Wie die Berufswahl, so kann auch die Partnerwahl, bzw. der Entschluß zu heiraten, aus dem Motiv heraus erfolgen, einen Liebesmangel wettzumachen. Das gibt stets eine sehr schwierige Ehe. Wer sich selbst nicht lieben kann, wird seinem Partner als ein ständig fordernder Nimmersatt gegenübertreten, der nach der Liebe des anderen wie nach einem Medikament verlangt, ohne selbst etwas geben zu können oder zu wollen. So hart es klingen mag: Die Ehe ist kein Sanatorium für Liebeskrüppel. Dadurch allein, daß einer heiratet, kann er dem Mangel an Selbstliebe nicht abhelfen.

Leibfeindlichkeit

Wenn ich mich selbst nicht annehme, kann ich auch meinen Leib nicht annehmen. Leibfeindlichkeit ist immer ein Symptom für mangelnde Selbstliebe, und umgekehrt: Wer sich selbst nicht liebt, liebt auch seinen Körper nicht.

In seinem Buch »Geborgenheit« gibt der Arzt Paul Tournier dafür zwei Beispiele: »Eine hübsche Frau gesteht mir, daß sie beim Eintreten in ein Hotelzimmer zuerst alle Spiegel gegen die Wand kehrte. Eine andere sagte mir, daß sie sich niemals nackt ansehen könne, ohne sich zu schämen. ›Dieser Körper ist mein Feind‹, fügte sie hinzu.«[6]

Diese Frauen hatten ihren Körper nicht angenommen. Deshalb konnten sie auch sich selbst nicht annehmen. Solche Leibfeindlichkeit wirkt sich selbstverständlich auch auf die Ehe aus. Es ist oben schon darauf hingewiesen worden, daß der Apostel Paulus in seinem Kapitel über die Ehe die leibliche Dimension der Selbstannahme ganz besonders unterstreicht. Ehestörungen im sexuellen Bereich hängen immer an irgendeiner Stelle auch damit zusammen, daß einer der Partner sich körperlich nicht voll angenommen hat.

[6] Paul Tournier, *Geborgenheit*, Herderbücherei, S. 69.

Ob dies der Grund dafür ist, daß es gerade in den Ehen vieler Christen so wenig sexuelle Harmonie gibt? Besonders findet man das in Kreisen, in denen eine Theologie prägend gewirkt hat, die das Sündenbewußtsein des Menschen überbetont und in denen die Meinung vorherrscht, man dürfe gewissermaßen keinen guten Faden an sich selber finden, wenn man vor Gott bestehen, dürfe sich selbst nicht annehmen, wenn man von Gott angenommen sein wolle. Eine solche Theologie wirkt sich ganz unmittelbar leibfeindlich aus. Man kann sich kaum vorstellen, daß in solchen Kreisen Gymnastik getrieben wird – geschweige denn getanzt, obwohl gerade darin eine entscheidende Hilfe läge, eine positive Haltung zum Leib zu finden und dadurch die Selbstliebe zu erlernen.

Eine zusätzliche Hilfe zur Bejahung der Leiblichkeit und damit zur Selbstannahme ist für die Frau – ganz gleich, ob sie verheiratet oder nicht – das bewußte Leben mit dem Zyklus, der etwas ganz Individuelles ist, so wie ein Fingerabdruck. Deshalb kann das Wissen um seine Eigenart entscheidend dazu beitragen, identisch mit sich selbst zu werden.[7]

[7] Vgl. hierzu: Ingrid Trobisch, *Mit Freuden Frau sein*, R. Brockhaus Verl., S. 58.

Kinderfeindlichkeit und Abtreibung

Wir kommen auf unseren Reisen viel in der Welt herum und stellen dabei erschüttert eine wachsende Kinderfeindlichkeit fest. Interessanterweise gilt dies nicht in erster Linie für die Länder hinter dem Eisernen Vorhang, geschweige denn in der Dritten Welt, sondern besonders für den sogenannten christlichen Westen.

Ich erinnere mich noch gut an die Zeit, als wir aus Afrika nach Deutschland zurückkamen. Mit fünf Kindern im Kindergarten- und Grundschulalter war es uns fast unmöglich, eine passende Wohnung zu finden, in der die Kinder auch spielen konnten, oder einen Ort ausfindig zu machen, an dem wir gemeinsam unseren Urlaub verbringen konnten. In Finnland begegneten wir jungen Ehepaaren mit zwei Kindern, die sich gern ein drittes Kind angeschafft hätten (und Finnland ist wahrlich nicht überbevölkert!), die aber Angst hatten, von der Gesellschaft geächtet zu werden. Auch in Amerika sind wir Müttern begegnet, die sich schämten, weil sie zum dritten Mal schwanger geworden waren.

Ich habe den Eindruck, daß es einen direkten Zusammenhang zwischen mangelnder Selbstannahme, Leibfeindlichkeit und Kinderfeindlichkeit gibt. Zeugung und Geburt gehören zur leiblichen Dimension des Lebens. Wer kein positives Verhältnis zu seinem Körper hat, dem wird es schwerfallen, ein gutes Verhältnis zum Kind zu finden, das doch eine Frucht seines Körpers ist.

Ich frage mich, ob hier nicht vielleicht auch die tiefste Wurzel des Abtreibungsproblems liegt. Könnte es sein, daß auch die Abtreibung die Folge mangelnder Selbstannahme ist, die sich in der Tötung der ungeborenen Leibesfrucht ausdrückt? Kann eine werdende Mutter, die ihr Kind abtreiben will, sich wirklich selbst lieben? Wie könnte sie dann so egoistisch handeln?

Freßsucht und Magersucht

Es ist merkwürdig: Während der Mann mehr Anerkennung braucht, fällt der Frau die Annahme ihrer Leiblichkeit offensichtlich schwerer als dem Mann. Bei Aussprachen mit Studentinnen, die sich selbst nicht annehmen konnten und die, so hübsch sie auch sein mochten, nicht glauben konnten, daß irgend etwas Liebenswertes an ihnen sei, fanden meine Frau und ich meistens zwei Symptome: Entweder aßen diese Mädchen zuviel oder zu wenig. Beides, Nichtessen wie Überessen, sind Ausdruck der gleichen Krankheit: Mangel an Selbstliebe.

Übermäßiges Essen – wie übrigens auch das Sichbetrinken – sind der Versuch, ein Loch auszufüllen, das entsteht, wenn ich mich selbst nicht annehme. Denn dann bin ich mir selbst nicht »angenehm« und muß mir folglich etwas »Angenehmes« verschaffen, um das Loch auszufüllen. Auch die Selbstbefriedigung gehört hierher und ist wie jede auto-erotische Handlung Ausdruck mangelnder Selbstliebe.

Andererseits kann die Weigerung zu essen, auch wenn der Vorwand »schlanke Linie« heißt, ein Zeichen dafür sein, daß ich mich mir selbst verweigere und letztlich mich selbst loswerden möchte. Die Selbst-losigkeit wird aber gerade auf diesem billigen Weg nicht erreicht. Das geschieht nur auf dem teuren Weg der Selbstliebe. Vielmehr führt von dem Wunsch sich selbst los-zu-werden, eine direkte Linie zum Selbstmord, zur Selbst-Entleibung, jenem letzten Ausdruck der Leibfeindlichkeit und der Nichtannahme meiner selbst.

Angst

Wer diesen Schritt tut oder versucht, sagt damit, daß er mehr Angst vor dem Leben als vor dem Tode hat. Auch die Angst hat ihre Wurzel in mangelnder Selbstliebe.

»Die Liebe sucht nicht das Ihre«, schreibt Paulus in 1. Kor. 13, 5. Wer die Liebe nicht hat, auch nicht die Liebe zu sich selbst, sucht das Seine und lebt in ständiger Angst, daß er's nicht finden könne. Darum ist der ichbezogene Mensch auch immer ein geängsteter Mensch. Er fängt zwangsläufig an, sich um die eigene Achse zu drehen, und wird sich selbst zum Mittelpunkt seines Lebens. Das aber ist die Wurzel der Angst.

Wer sich selbst in den Mittelpunkt stellt, ist ungeborgen, fühlt sich ausgeliefert, ungeschützt, bedroht. In der Angst, sich zu verlieren, muß er sich selber festhalten, sich ängstlich an sich selber haften, selbst-haft werden. Bezeichnen wir diese Selbsthaftigkeit einmal mit dem Wort »Hochmut«, dann trifft die Liedzeile Valentin Thilos genau ins Schwarze: »Ein Herz, das Hochmut übet, mit Angst zugrunde geht.«

Gerade weil die Angst mit der Ichhaftigkeit so eng zusammenhängt, sind wir besonders anfällig für eine Spielart der Angst, die heute weit verbreitet ist, nämlich die *Erfolgsangst.*

Sie ist die Kehrseite der Leistungsvergötzung. Es liegt im Gesamtklima unserer Zeit: Wer nichts leistet, gilt nichts. Denn Leistung ist nötig, damit der Apparat funktioniert. Der Versager, der Erfolglose wird deshalb schuldig gesprochen, wenn »es nicht klappt«. Er wird ausgestoßen und geächtet.

Wer aber geächtet ist, kann sich selbst nicht achten. Wer ausgestoßen wird, kann sich selbst nicht lieben. Wem jeder Wert abgesprochen wird, der verliert das Selbstwertgefühl, das jeder Mensch zum Leben braucht. Damit wird die Angst vor Mißerfolg zur Daseinsangst, zur Todesangst. Der Prestigetod wird schließlich mehr gefürchtet als der wirkliche Tod. Man kann tatsächlich »mit Angst zugrunde gehen«, ausgeliefert an den Teufelskreis: Ich liebe mich nicht, weil ich Angst habe, und ich habe Angst, weil ich mich nicht lieben kann.

Abermals stoßen wir hier auf den Zusammenhang zwischen mangelnder Selbstliebe und Selbstmord. Irgendwie fühlt der Selbstmörder, daß die einzige Chance, aus dem Teufelskreis der Selbstverhaftung und der Angst auszubrechen, darin besteht, daß er sein Selbst los wird. Aber gerade das geschieht nicht durch den Freitod. Es kann nur dadurch geschehen, daß er von außen her den in den Teufelskreis einbrechen heißt, der sagte: »In der Welt habt ihr Angst, aber seid getrost: Ich habe die Welt überwunden« (Joh. 16, 33).

In diesem Wort liegen zwei wichtige Hinweise für den Umgang mit der Angst. Zunächst einmal ist es hilfreich, daß wir nicht ermahnt werden, die Angst zu unterdrücken, sondern es steht einfach da als eine nüchterne Feststellung: »In der Welt habt ihr Angst.« So ist das eben. Da das Wort zu den Jüngern gesagt ist, heißt das für uns: Wir dürfen Kinder Gottes sein und trotzdem Angst haben. Darin liegt eine Befreiung von allem Krampf. Wir brauchen keine Angst vor der Angst zu haben. Deshalb folgt dieser Feststellung auch keine Kritik, kein Einspruch, sondern ein Zuspruch: »Aber seid getrost.« Ich möchte es einmal so widersprüchlich formulieren: Wir dürfen getrost Angst haben.

Meine eigenen Erfahrungen während des zweiten Weltkrieges haben mich gelehrt, mit der Angst zu leben. Manchmal mußte ich tage-, ja wochenlang in der Angst leben, jede Minute, ja fast jede Sekunde getötet zu werden. Sooft das Röhren der Artillerie zu hören war, wußte ich, daß die nächsten paar Sekunden über mein Leben oder meinen Tod entscheiden würden. Es war eine ununterbrochene Einübung in das Leben mit der Angst.

Ich erinnere mich, daß die erste Hilfe für mich darin bestand, daß ich aufhörte, die Angst zu bekämpfen, und es lernte, mir selbst gegenüber zuzugeben: »Walter, du hast Angst.« Damit löste sich die Verkrampfung, die Angst wurde erträglich. Ja, sie wurde geradezu zu einer positiven Kraft, die meinen Glauben herausforderte.

Der Glaube befreite mich nicht von der Angst, sondern die Angst zwang mich zu glauben. Sooft ich das Röhren feindlicher Geschütze hörte, warf ich mich in den Schützengraben oder den Unterstand. Ich überließ mich dem, der die Welt überwunden hat, und sagte: »Da hast du mich.« Ich kann es nur paradox ausdrücken: Ich lernte es, keine Angst vor der Angst zu haben.

Wenn wir uns so befreien lassen von allem Angstkrampf, werden wir empfänglich für den anderen Hinweis, mit Angst umzugehen, der in den Worten liegt: »Ich habe die Welt überwunden.«

Es ist bedeutungsvoll, daß es hier nicht heißt: »Ich habe die Angst überwunden.« Man kann die Angst nämlich nicht direkt angehen, sondern nur nach dem Gesetz des Rösselsprunges. Wie das Rössel auf dem Schachbrett den Gegner nicht direkt angreift, sondern nur »um die Ecke«, so können wir auch nur »um die Ecke« mit der Angst umgehen: In der Hingabe an den, der die Welt, einschließlich der erbarmungslosen Leistungsgesellschaft, überwand. Aber gerade darin liegen Trost und Hoffnung, daß dieser Weltüberwinder selbst Angst hatte. Von seinem Gebetskampf vor der Kreuzigung im Garten Gethsemane wird berichtet: »Und als er in angstvollen Seelenkampf geraten war, betete er noch inbrünstiger; und sein Schweiß wurde wie Blutstropfen, die zur Erde niederfielen« (Luk. 22, 44; nach Menge).

Kraft seiner Angst kann er uns aus unseren Ängsten reißen, weil er uns in unseren Ängsten versteht und *mit* unseren Ängsten liebt und annimmt.

Der Dichter Paul Gerhard hat das Gesetz des Rösselsprunges im Umgang mit der Angst meisterhaft ausgedrückt:

»Wenn mir am allerbängsten
wird um das Herze sein,
dann reiß mich aus den Ängsten
kraft deiner Angst und Pein.«

Von diesem Allerbängsten soll nun im zweiten Teil die Rede sein.

II. Schwermut

Auch sie ist letztlich eine Folge mangelnder Selbstliebe, ja vielleicht die häufigste, die wir unter uns finden. Es ist erstaunlich, wieviel schwermütige Menschen es gibt. Es ist noch erstaunlicher, wieviel schwermütige Christen es gibt. Dabei sind dies gerade keine oberflächlichen Menschen, sondern solche, die es mit dem Glauben sehr ernst meinen und in einer persönlichen, lebendigen Beziehung zu Jesus Christus stehen. Dennoch leiden sie immer wieder unter Schwermut und Depression.

Schwermut ist immer verbunden mit einem Verlustgefühl. Anlaß dafür können äußere Dinge sein: Der Verlust materieller Güter, der Verlust von Gesundheit, der Verlust eines geliebten Menschen, der Verlust von Vertrauen, der Verlust einer Fähigkeit, vielleicht infolge des Alterns, der Verlust des Gefühls, gut zu sein, im Schuldigwerden. Wir reagieren darauf mit Selbstmitleid, Trauer, Enttäuschtsein, Neid, Scham und Selbstherabsetzung. Alle diese Gefühle fließen im Schwermutsgefühl zusammen.

Es gibt eine *Erschöpfungsschwermut*, von der vor

allem Manager, Rekordmachertypen und penible, übergewissenhafte Hausfrauen befallen werden. Sie erleben den Verlust des Gefühls, alles perfekt meistern, alles selbst erledigen zu können.

Im Anwachsen begriffen ist die *Umzugsschwermut*, die auch schon beim Umstellen der Möbel, beim Neutapezieren eines Zimmers auftreten kann: der Verlust der eigenen vier Wände, das Gefühl entwurzelt zu sein.

Ja, es gibt sogar eine *Entlastungsschwermut*, von der die *Ruhestandsschwermut* eine Version ist. Sie tritt merkwürdigerweise gerade dann auf, wenn die Arbeit getan, die Spannung gewichen, der Konflikt gelöst ist. Man empfindet den Verlust des Gefordertseins und Kämpfenmüssens wie einen Sturz ins Bodenlose und wird schwermütig.

Aber es gibt auch ein Verlustgefühl, das wir nicht auf äußere Anlässe zurückführen können, sondern das uns ohne einen greifbaren Grund von innen her befällt. Es kann sich in einem unruhigen, rastlosen Getriebensein äußern oder auch in einem Gebremstsein, das jedes Handeln unmöglich macht. Solche »Schwermut von innen« ist begleitet von selbstquälerischen Gedankengängen, übertriebenen Schuldgefühlen, zu denen gar kein Anlaß besteht, Kleinheits-, Unterlegenheits- und Armutsideen und dem Verlust jeden Gefühls, etwas wert zu sein.

Deshalb ist der Schwermütige so leicht verletzlich. Deshalb klammert er sich an andere Menschen an und wirbt verzweifelt um Anerkennung und Geliebtwerden, um sich selbst lieben zu können.

Damit haben wir die tiefste Wurzel der Schwermut aufgespürt. Sie besteht in dem Gefühl, daß ich mich selbst verloren und die Hoffnung aufgegeben habe, mich je wiederzufinden. Es ist nichts da, was da zu lieben wäre. Ich greife ins Leere, wenn ich mich lieben will.

Das heißt aber, daß Selbstliebe und Schwermut eng aufeinander bezogen sind. Aus den oben geschilderten Anlässen und Erscheinungsformen der Schwermut wird ihre Ichbezogenheit deutlich, die wir als Folge mangelnder Selbstliebe erkannten.

Darum ist das Erlernen der Selbstliebe der beste Schutz gegen die Schwermut – und gleichzeitig die Überwindung der Schwermut der beste Weg, Selbstliebe zu erlernen.

1. Schwermut in der Bibel

Zur Überwindung der Schwermut ist es zunächst hilfreich zu wissen, daß die Bibel, dieses so eminent menschliche Buch, uns tief versteht.

Bekannt ist die Geschichte des Königs Saul, dessen

Depressionen zum Anlaß werden, daß der Harfenspieler – genauer gesagt: Zitherspieler – David an seinen Hof geholt wird: »Der Geist aber des Herrn wich von Saul, und ein böser Geist vom Herrn machte ihn sehr unruhig ... Wenn nun der Geist Gottes über Saul kam, so nahm David die Harfe und spielte mit seiner Hand; so erquickte sich Saul, und es ward besser mit ihm, und der böse Geist wich von ihm« (1. Sam. 16, 14 u. 23).

Hier erhalten wir einen ersten Hinweis der Hilfe gegen die Schwermut: Musik. Sie ist das Gestimmte, Geordnete, das die Verstimmung eines in Unordnung geratenen Herzens lösen kann.

Ein weiteres Beispiel ist das Nebukadnezars. Nachdem er einen Traum, der ihn vor Cäsarenwahn warnte, in den Wind geschlagen hatte, stürzte er in einen Depressionswahn und lebte wie ein Tier: »Er ward verstoßen von den Leuten hinweg, und fraß Gras wie Ochsen, und sein Leib lag unter dem Tau des Himmels, und er ward naß, bis sein Haar wuchs so groß wie Adlersfedern und seine Nägel wie Vogelklauen« (Dan. 4, 30).

Dann aber berichtet Nebukadnezar selbst sein Erlebnis der Befreiung aus der Schwermut mit einem Satz, der einen weiteren Fingerzeig auf Hilfe enthält, nämlich auf den Akt des Lobens und Dankens, der uns das Vernehmen Gottes, die »Vernunft«, ermöglicht:

»Nach dieser Zeit hob ich meine Augen auf gen Himmel und kam wieder zur Vernunft und lobte den Höchsten« (Dan. 4, 31).

Ein weiteres Beispiel aus dem Alten Testament sei hier angeführt: Die Geschichte Elias, wie sie in 1. Könige 19 berichtet wird. Interessanterweise wurde Elia von Schwermut überfallen, nachdem er eine überwältigende geistliche Erfahrung gemacht und eine großartige Schlacht für den Herrn gewonnen hatte. In einem Zustand körperlicher Erschöpfung setzte er sich »unter einen Wacholder und bat, daß seine Seele stürbe, und sprach: Es ist genug, so nimm nun, Herr, meine Seele; ich bin nicht besser denn meine Väter« (1. Könige 19, 4).

Wieder können wir eine Menge daraus lernen, wie Gott mit Elias Schwermut umging. Kein Vorwurf, kein Appell an den Willen, sondern liebevolle Fürsorge, Ruhe, Nahrung – und Berührung: »Und er legte sich und schlief unter dem Wacholder. Und siehe, ein Engel rührte ihn an und sprach zu ihm: Stehe auf und iß! Und er sah sich um, und siehe, zu seinen Häupten lag ein geröstetes Brot und eine Kanne mit Wasser. Und da er gegessen und getrunken hatte, legte er sich wieder schlafen« (V. 5.6).

Auch der Apostel Paulus war sicher ein schwermütig veranlagter Mensch. Das hat Romano Guardini in seinem Buch: »Das Bild von Jesus Christus im Neuen

Testament« eindrucksvoll herausgearbeitet. Mir ist dadurch der Apostel als lebendiger Mensch viel näher gekommen. Guardini sagt über Paulus: »Er scheint ein Mensch gewesen zu sein, der Schweres anzog, der das Schicksal wider sich organisierte, ein geplagter Mensch . . . Er hat viel leiden müssen, immerfort und durch alles.«

Paulus war Rabbinerschüler. Deshalb lag ihm ein Vollkommenheitsstreben nahe, ein gewisser Perfektionismus, der uns schon bei der Erschöpfungsschwermut begegnete, die wohl auch in folgenden Sätzen des Apostels mitschwingt: »Ich tue nicht, was ich will; sondern, was ich hasse, das tue ich . . . Denn ich weiß, daß in mir, das ist in meinem Fleische, wohnt nichts Gutes. Wollen habe ich wohl, aber vollbringen das Gute finde ich nicht. Denn das Gute, das ich will, das tue ich nicht, sondern das Böse, das ich nicht will, das tue ich« (Röm. 7, 15f).

Walter Uhsadel bemerkt dazu: »Die innere Verletzlichkeit des depressiven Menschen läßt ihn mehr als andere an den Erfahrungen des eigenen Versagens leiden.«[8] Uhsadel weist auch auf die letzten Kapitel des 2. Korintherbriefes hin, die »in ihrem Wechsel von Rühmen und Selbstentwertung das Schwanken des

[8] Zitiert nach: *Wege zum Menschen*, 18. Jahrg., Heft 7/8, 1966, S. 310.

depressiven Menschen zwischen manischem Selbstgefühl und depressiver Entwertung deutlich hervortreten lassen«. Gleichzeitig kommt auch das Werben um Anerkennung, Gelobtwerden und Geliebtwerden zum Ausdruck, wie zum Beispiel in 2. Kor. 12,11: »Ich bin ein Narr geworden über dem Rühmen; dazu habt ihr mich gezwungen. Denn ich sollte von euch gelobt werden, zumal ich nichts weniger bin, als die ›hohen‹ Apostel sind, obwohl ich nichts bin.«

Am meisten aber fühlen wir uns von der Bibel verstanden, wenn wir in den Psalmen lesen. Ich denke etwa an Psalm 31:

»Herr sei mir gnädig, denn mir ist angst; meine Gestalt ist verfallen vor Trauern, dazu meine Seele und mein Leib. Denn mein Leben hat abgenommen vor Betrübnis und meine Zeit vor Seufzen; meine Kraft ist verfallen vor meiner Missetat (eigentlich: von meiner Misere), und meine Gebeine sind verschmachtet« (V. 10 u. 11).

Dieses Gefühl: Ich verfalle, ich werde konsumiert, aufgefressen. Ich befinde mich auf dem absteigenden Ast. Ich werde immer weniger. Es gibt keine aufsteigenden Linien mehr. Alles ist farblos und fade, verödet und erkaltet. Die Zeit dehnt sich und schleicht seufzend endlos lang dahin. – Wir sehen sie vor uns, diese Armee seufzender Christen! Und auch das ist dem Psalmisten Erfahrung, was die psychosomatische

Medizin der Moderne erkannt hat: Seele und Leib sind eine Einheit. Das Seufzen der Seele wirkt sich auf die Gesundheit aus. Die Schwermut fährt dem Psalmisten buchstäblich in die Knochen.

»Es geht mir so übel, daß ich bin eine große Schmach geworden meinen Nachbarn und eine Scheu meinen Verwandten; die mich sehen auf der Gasse, fliehen vor mir. Denn ich höre, wie mich viele schelten, Schrecken ist um und um; sie ratschlagen miteinander über mich und denken, mir das Leben zu nehmen« (V. 12 u. 14).

Dieses Gefühl: Ich bin bedroht, umstellt. Ich habe nur Feinde. Alle sind gegen mich. Keiner versteht mich. Keiner nimmt mich an. Keiner liebt mich. Darum habe ich auch keine Kraft mehr, irgendeinen Kontakt aufzunehmen. Ich bin hoffnungslos alleingelassen.

»Mein ist vergessen im Herzen wie eines Toten; ich bin geworden wie ein zerbrochenes Gefäß« (V. 13).

Dieses Gefühl: Ich kann mich nicht mehr zusammennehmen, zusammenhalten. Ich laufe aus. Alles läuft aus mir heraus. Meine Seele ist wie durchlöchert. Alles geht durch mich durch. Ich verliere, verliere, verliere ...

2. Hilfen gegen die Schwermut

Wir sehen: Die Bibel versteht uns mit diesen Gefühlen. Vielleicht können wir aus dieser Tatsache bereits etwas Hilfreiches lernen für den Umgang mit der Schwermut: Wir brauchen uns unserer Depressionen nicht zu schämen. Sie sind kein Makel und keine Schande.

Aber wir sollen uns auch nicht aufs Selbstmitleidstöpfchen setzen und Trübsal blasen. Bis zu einem gewissen Grade ist in der Schwermut jeder sein bester Arzt.

Als meine Frau einmal deprimiert war, fragte sie unseren sechzehnjährigen Sohn, was sie tun solle. Nach kurzem Nachdenken gab er zur Antwort: »Mamy, auf jeden Fall nicht nichts tun!« Es war genau das richtige Wort für sie in diesem Augenblick.

Ich kenne eine Frau, die oft an unerklärlichen, von innen kommenden Depressionen leidet und die sich für diesen Fall eine Art Hausapotheke eingerichtet hat. Da sie in der Depressionsphase so gebremst ist, daß sie zu keinem gezielten Denken, zu keiner Willensentscheidung fähig ist, hat sie sich schriftlich notiert, was sie dann unternimmt:

In einer Schachtel hat sie Karten mit Bibelversen, die eine ganz besondere Verheißung enthalten. Sie wählt eine Karte aus und liest sie sich laut vor. Dann macht sie sich eine gute Tasse Tee, setzt sich hin und hört, während sie sie langsam und genußvoll trinkt, eine ihrer Lieblingsschallplatten, die für diesen Zweck bereitliegen. Dabei versenkt sie sich dann in ein Buch, welches sie schon immer lesen wollte, das sie sich aber für den nächsten Schwermutsanfall aufbewahrt hat. Schließlich ruft sie ihre beste Freundin an und verbindet den Besuch bei ihr mit einem Spaziergang an der frischen Luft.

Wir spüren: Man muß sich schon ein wenig selbst liebhaben, wenn man mit diesen Mitteln die Schwermut angehen will.

Es wurde schon erwähnt, daß Martin Luther auf Grund seiner schweren Kindheit und freudlosen religiösen Erziehung es schwer hatte, sich selbst zu lieben und deshalb aus den Worten »lieben wie dich selbst« nur den egozentrischen Klang eines sündigen In-sich-selbst-Verkrümmtseins heraushören konnte. Nach allem, was wir bisher gehört haben, nimmt es daher nicht Wunder, daß er zeitlebens ein Angefochtener, von Schwermut bedrängter Mensch war. Er konnte aber gerade deshalb mit Vollmacht seelsorgerliche Ratschläge für Bedrückte erteilen, von denen ich einige frei wiedergeben und kommentieren möchte.[9]

[9] Nach August Hardeland, *Geschichte der speciellen Seelsorge,* 1893; zitiert nach Uhsadel, a.a.O.

1. Einsamkeit meiden. Nach Luther ist die Isolation Gift für den Schwermütigen, durch das der Teufel versucht, ihn in seiner Gewalt zu halten. »Redet doch miteinander, damit ich sehe, daß Menschen um mich sind«, sagt Luther einmal in den Tischreden. Vermutlich war er gerade selbst in einer Phase der Verstimmung.

2. Unterhaltung suchen, die zur Freude anregt. Freude ist auf jeden Fall Gott wohlgefällig. Damit meint Luther nicht nur geistliche Freuden, sondern auch andere, »und wenn es Märlein von Türk und Tatter wären«. Wir könnten also durchaus auch an einen Theater- oder Kinobesuch denken, an ein Kabaret oder gutes Fernsehprogramm.

3. Singen und Musizieren. Es fällt auf, daß Luther nicht auf das Musikhören anspielt, sondern das Musikmachen betont. Einem schwermütigen Fürsten rät er: »Wenn Ihr traurig seid, so sprecht: Auf, ich muß unserem Herrn Christo ein Lied schlagen auf dem Regal (Hausorgel); denn die Schrift lehret, daß er höre gern Gesang und Saitenspiel. Und greift frisch in die Claves (Tasten) und singet darein, bis die Gedanken vergehen, wie David und Elisäus taten. Kommt der Teufel wieder, so wehret frisch und sprechet: Aus, Teufel, ich muß jetzt meinem Herrn Christo singen und spielen.« – Wieder bezieht das Luther nicht nur auf geistliche Musik, sondern auf Musik überhaupt, und wir dürfen hier auch getrost an Tanzmusik denken und in das Wort »spielen« die verlernte Kunst zu spielen mit einbeziehen. Dabei ist Gott eigentlich der Zuhörende, und wir sind es, die ihm Freude machen, eine Freude, die dann heilend auf uns zurückfällt.

4. Schwere Gedanken abweisen. Luther warnt davor, sich kämpfend mit ihnen einzulassen, was ja bei Schwermütigen zu spätem Einschlafen und frühem Aufwachen führt. Er rät, den Teufel entweder auszulachen oder zu verachten, auf jeden Fall ihn abseits liegen zu lassen. »Aber der allerbeste über allen Rat ist, wenn ihr nichts überall mit ihn (dem Teufel) kämpfen mochtet, sondern könntet sie (die schwermütigen Gedanken) *verachten* und tun, als fühltet ihr sie nicht, und gedächtet immer etwas anderes und sprecht also zu ihn: ›Wohlan Teufel, laß mich ungeheiet (ungeplagt), ich kann jetzt nicht deiner Gedanken warten, ich muß reiten, fahren, essen, trinken, das oder das tun; item: ich muß jetzt fröhlich sein, komm Morgen wieder . . .‹« (Brief vom 22. Nov. 1532 an Jonas von Stockhausen, Stadthauptmann von Nordhausen).

»Also müßt ihr euch wahrlich wider ihn setzen lernen und nicht gestatten, wie er euch Gedanken mache. Denn wo ihr einen (Teufel) einlasset und zuhöret, so treibt er wohl zehn Gedanken hinnach, bis er euch übermanne. Darumb nicht besser, denn flugs im ersten auf die Schnauzen geschlagen. Und wie jener Ehemann tät, wenn sein Weib anfing zu nagen und zu beißen, nahm er die Pfeifen unter dem Gürtel herfür und pfiff getrost, da ward sie zuletzt so müde, daß sie ihn zufrieden ließe: also greift ihr auch ins Regal (Hausorgel) oder nehmet gute Gesellen und singet dafür, bis ihr lernt ihn *spotten*« (7. Okt. 1534 an Matthias Weller, Organist in Freiberg).[10]

5. *Sich auf Verheißungen verlassen*. Die haben alle einen positiven Sinn. Hier sei an die »Hausapotheke« jener Dame erinnert. Wichtig ist vielleicht auch das Auswendiglernen von persönlich erfahrenen Gottesworten, die – nach einem Wort Hermann Bezzels – Stecken und Stäbe sind beim Durchwandern eines finsteren Tales.

6. *Zuspruch suchen*. Bei der Schwermut erleben wir unseren Verlust überdimensional. Ein anderer sieht alles in der richtigen Perspektive, im rechten Maße, erkennt das Positive, für das wir blind sind. Wir kön-

[10] Diese Zitate entnahm ich: Max Haag, *Der heilige Streit*, Verl. Ernst Kaufmann, Lahr.

nen uns nicht wie Münchhausen an den eigenen Haaren aus dem Sumpf ziehen. Aus diesem Rat erwacht die Frage an uns, ob wir zu solchem Zuspruch bereit sind, wenn ihn jemand in unserer Umgebung braucht.

7. *Loben und Danken*. Sie sind eine Schutzmacht gegen die Schwermut. Die Worte »Loben« und »Glauben« sind verwandt. Glauben heißt geloben, sich angeloben. Es beginnt mit dem Danken. Wir denken wieder an Nebukadnezar. Im Gotteslob überwand er seine Depression.

8. *An andere Schwermütige denken*. Das ist ein überraschender Rat Luthers. Aber er leuchtet mir ein. Er lockert die ichbezogene Einengung der Schwermut auf, in der der Schwermütige meint, kein anderer leide so sehr wie er.

9. *Geduld mit sich selbst üben*. Das Wort »üben« ist hier wichtig. Es gehört Übung dazu, sich schlicht damit abzufinden, daß es Durststrecken gibt, Zeiten der Unproduktivität und des Verzichts, die wir nicht durch krampfhafte Klimmzüge überwinden könne.[11] Es gibt »Sauregurkenzeiten«, in denen es kein frisches

[11] Vgl. dazu auch mein Büchlein *Kleine Therapie für geistliche Durststrecken,* R. Brockhaus Verlag (»Linienbücher«) 1975.

Gemüse gibt und die einfach durchzustehen sind. Diese Geduld gilt es zu *üben.*

Aus persönlicher Erfahrung möchte ich hier etwas hinzufügen, was mir bei Luther zu kurz zu kommen scheint: Körperliche Bewegung in jeder Form, Dauerlauf, Schwimmen, Tanzen oder auch Gartenarbeit sind eine wunderwirkende aktive Weise, mit sich selbst Geduld zu üben. Jedes Inschweißgeraten – auch die Sauna gehört hierher –, das es ermöglicht, mit der ganzen Hautoberfläche zu »weinen«, bringt eine fast augenblickliche Befreiung aus der Depression.

10. An den Segen der Schwermut glauben. Sie kann durchaus auch einen positiven, fruchtbaren Sinn haben, selbst wenn man immer wieder neu hindurchgehen muß. Dieser letzte Rat Luthers scheint mir eine so entscheidende Hilfe zu enthalten, daß ich zum Schluß darauf näher eingehen möchte.

3. Mut zur Schwere

Das schöne deutsche Wort »Schwermut«, das es in keiner anderen Sprache gibt, enthält ja eigentlich etwas ganz Positives. Es besagt, daß es so etwas gibt wie einen »Mut zur Schwere«. Es gehört Mut dazu, um »schwer« sein zu können. Schwermut ist nicht nur ein Leid, sondern ein Mut. Es gibt eine Fähigkeit zur Schwermut, eine Art Schwermutsbegabung.

Es hat mich einmal ungeheuer getröstet, als ich einen erfahrenen Psychiater sagen hörte: »Alle wertvollen Menschen haben Depressionen.«

Freilich, damit einen so ein Satz tröstet, muß man schon ein wenig an seinen eigenen Wert glauben, und das kann man ja bekanntlich gerade in der Depression nicht. Aber wenn man es übt, gelingt es einem vielleicht doch mehr und mehr, wenigstens im Intervall, in den »Gemüsezeiten«.

Oberflächliche Menschen haben keine Depressionen. Es gehört ein innerer Gehalt, eine Substanz, ein gewisser Tiefgang dazu, um wirklich depressiv sein zu können. Kinder können, da sie noch nicht über diesen Gehalt verfügen, nicht eigentlich depressiv reagieren.

Es kann ein Zeichen mangelnder Depressionsfähigkeit sein, wenn ein Mensch sich umbringt.[12] Denn Menschen ohne Tiefgang bringen es leichter fertig, kaltblütig den Lebensfaden durchzuschneiden. Auf diesen Sachverhalt weist ein tiefes Wort des Philosophen Landsberg hin, das man erst auf sich wirken lassen muß, um seine ganze Tragweite zu erfahren: »Oft tötet sich ein Mensch, weil er nicht verzweifeln kann und will.« Selbstmord erscheint hier als eine Folge der

[12] Vgl. hierzu: Klages, *Wege zum Menschen*, a.a.O., S. 266.

Unfähigkeit, wirklich verzweifeln, wirklich depressiv sein zu können. Dem Selbstmörder fehlt der Mut zur Schwere. Ahnen wir, was Luther meinte, wenn er riet, an den »Segen der Schwermut« zu glauben?

Vielleicht ist gerade der schöpferische Mensch auf den Segen der Schwermut besonders angewiesen, braucht den Mut zur Schwere mehr als andere, um fruchtbar sein zu können. Es ist wohl kein Zufall, daß der Dichter Rainer Maria Rilke, der dem Geheimnis des Schöpferischen nachspürte wie wenig andere, in einem Brief vom 14. Mai 1904, aus Rom, die Worte fand: »Wir wissen wenig, aber daß wir uns zu Schwerem halten müssen, ist eine Sicherheit, die uns nicht verlassen wird; es ist gut, einsam zu sein, denn Einsamkeit ist schwer; daß etwas schwer ist, muß uns ein Grund mehr sein es zu tun.«[13]

Es ist interessant, daß die Bejahung des Schweren bei ihm die Bejahung der Einsamkeit einbezieht.

In einem Brief aus Schweden vom 12. August 1904 weist Rilke darauf hin, daß die Schwermut – genau wie die Selbstliebe – eine verwandelnde Arbeit an uns tut, und unterstreicht von daher den Rat Luthers zum Geduldhaben mit sich selbst:

»Da dürfen Sie, lieber Herr Kappus, nicht erschrek-

[13] Rilke, *Briefe an einen jungen Dichter*, Insel Bücherei Nr. 406, S. 35.

ken, wenn eine Traurigkeit vor Ihnen sich aufhebt, so groß, wie Sie noch keine gesehen haben; wenn eine Unruhe, wie Licht und Wolkenschatten, über Ihre Hände geht und über all Ihr Tun. Sie müssen denken, daß etwas an Ihnen geschieht, daß das Leben Sie nicht vergessen hat, daß es Sie in der Hand hält; es wird Sie nicht fallen lassen. Warum wollen Sie irgendeine Beunruhigung, irgendein Weh, irgendeine *Schwermut* von Ihrem Leben ausschließen, da Sie doch nicht wissen, was diese Zustände an Ihnen arbeiten? Warum wollen Sie sich mit der Frage verfolgen, woher das alles kommen mag und wohin es will? Da Sie doch wissen, daß Sie in den Übergängen sind, und nichts so sehr wünschten, als sich zu verwandeln. Wenn etwas von Ihren Vorgängen krankhaft ist, so bedenken Sie doch, daß die Krankheit das Mittel ist, mit dem ein Organismus sich von Fremdem befreit; da muß man ihm nur helfen, krank zu sein, seine ganze Krankheit zu haben und auszubrechen, denn das ist sein Fortschritt. In Ihnen, lieber Herr Kappus, geschieht jetzt so viel; Sie müssen geduldig sein, wie ein Kranker und zuversichtlich wie ein Genesender; denn vielleicht sind Sie beides.«[14]

Der Dichter Owlglass gibt uns das Gespräch zweier Freunde wieder. Einer der beiden kämpft mit einer tie-

[14] a.a.O., S. 46.

fen Depression und der andere fragt ihn: »Was drückt dich, lieber Freund?« – Darauf erhält er die Antwort: »Ich wollt, ich könnte fliegen und alle Lebenslast und Erdenpein besiegen. Ich bin so voll davon und wiege, ach, so schwer! Warum bin ich nicht leicht?« – Darauf antwortet der Freund mit der Gegenfrage: »Warum bist Du nicht leer?« –

Wenn wir die Wahl hätten, schwer oder leer zu sein – was würden wir wählen? Als schwere Menschen können wir uns lieben, als leere Menschen kaum.

Der eine oder andere Leser wird bei dem Hinweis auf die Schwermut Sauls gestutzt haben. Dort verwendet die Bibel eine ganz merkwürdige Redewendung. Die Schwermut wird dort bezeichnet als ein »böser Geist vom Herrn«.

Was soll das heißen: ein böser Geist vom Herrn? 1. Sam. 16, 23 übersetzt Menge sogar kühn: »Der böse Geist Gottes.«

Der böse Geist Gottes?

Ja, so meint es die Bibel: Es gibt eine Schwermut, die eingebaut ist in Gottes Plan. Sie dient ja in der Saulerzählung als Instrument, das David an den Hof des Königs brachte. An den Segen der Schwermut glauben heißt, damit rechnen, daß Gott durch meine Schwermut seine Pläne verwirklicht.

Es gibt eine auf Gott bezogene Schwermut. Die Bibel nennt sie die »göttliche Traurigkeit«, die eine

Hinwendung zu Gott bewirkt, » . . . eine Betrübnis, wie Gott sie haben will« (2. Kor. 7, 10; nach Menge), weil sie Lebensumstellung zur Folge hat.

Allerdings geschieht diese Umstellung nicht von selbst. Es gehört eine Arbeit dazu, eine Glaubensarbeit, die Schwermut ganz bewußt auf Gott zu beziehen und von Gott her anzunehmen. Sonst dient sie eben nicht zur Wandlung, sondern wird zur ungöttlichen Traurigkeit.

Für die letztere seien zwei Beispiele aus der Bibel genannt: Saul und Judas.

Saul gelang es nicht, sein Leben umzustellen und den »bösen Geist Gottes« auf Gott zu beziehen, sondern er steigerte sich immer mehr in seine Schwermut hinein, bis schließlich auch die Musik nichts mehr half und er David in Gefahr brachte: »Am folgenden Tag nun kam ein böser Geist Gottes über Saul, so daß er im Hause drinnen raste; David aber spielte die Zither, (wie er dies alle Tage zu tun pflegte, während Saul den Speer in der Hand hatte). Da zückte Saul den Speer, indem er dachte: ›Ich will David an die Wand spießen!‹« (1. Sam. 18, 10 u. 11; nach Menge).

Erweckte die gottlose Traurigkeit in Saul Mordgelüste, so führte sie im Falle des Judas zum Selbstmord. Die Hohenpriester und Ältesten machten gar keinen Versuch, die Reue, die er über den Verrat an Jesus empfand, also die Traurigkeit über sich selbst, auf Gott zu beziehen, sondern sie ließen ihn einfach stehen: »Was geht das uns an? Da sieh du selber zu!« Alleingelassen »warf er das Geld in das Tempelhaus und machte sich davon, ging hin und erhängte sich« (Matth. 27, 3–5).

»Die Traurigkeit der Welt aber wirkt den Tod« (2. Kor. 7, 10; nach Luther). Wir müssen also festhalten: Es gibt eine Schwermut, die Sünde ist und zur Sünde führt. »Sie wächst und wird groß auch durch ihr Zuviel-ansehen und Zu-tief-bedenken« (Luther). Vielleicht könnte man es so ausdrücken: Schwermut wird dann zur Sünde, wenn sie nicht auf Gott bezogen wird.

Das Gegenstück zur Traurigkeit des Sauls und Judas ist die auf Gott bezogene Traurigkeit Jesu in Gethsemane. Hierzu möchte ich noch einmal Walter Uhsadel zitieren:

»Sie ist ganz auf den himmlischen Vater gerichtet und geht in das Gebet über: Nicht mein Wille, sondern Dein Wille geschehe, also aus einem – wenn ich wagen darf das zu sagen – fast autistisch wirkenden Gebetskampf, daß dieser Kelch an ihm vorübergehen möchte, aus diesem Bannkreis des Ich heraus, zu jener Macht hinüber, die ihm aus dem Machtbereich Gottes begegnet.«[15]

[15] Walter Uhsadel: »Der depressive Mensch in theologischer Sicht«, in: *Wege zum Menschen*, August 1966, S. 313.

»Da erschien ihm ein Engel vom Himmel und stärkte ihn« (Luk. 22, 43).

Darum dürfen wir das andere nun genauso festhalten – uns daran festhalten –: Es gibt eine Schwermut, in der uns Gott begegnet, in der wir von Gott gehalten sind. Dieses Wissen, diese Erfahrung schenkt uns den Mut, uns *mit* unserer Schwermut zu lieben und in ihr – so widersprüchlich es klingen mag – froh zu werden.

Gelingt uns das, haben wir einen Grad an Tiefgang erreicht, der den Apostel Paulus zu der paradoxen Aussage über unsere Existenz veranlaßte:

»In *allen* Dingen erweisen wir uns als die Diener Gottes ... als die *Traurigen*, aber allezeit *fröhlich* (2. Kor. 6, 4 u. 10).

Ich wünschte, Ellen, die ich am Anfang erwähnte und die nicht glauben und annehmen konnte, daß sie schön war, würde dieses Buch lesen. Vielleicht könnte es ihr helfen, an sich selbst zu arbeiten und sich dem schmerzlich-freudigen Lernprozeß der Selbstliebe zu unterziehen.

An jenem Tag, an dem meine Frau und ich uns mit ihr unterhielten, konnten wir ihr nur zum ersten Schritt verhelfen. Wir ließen sie allerdings nicht ziehen, ohne geistlich an ihr zu handeln: Wir legten ihr die Hände auf und segneten sie im Namen Christi.

In unserem Dienst fassen wir mehr und mehr Mut zu solch geistlichem Handeln und wagen es in zunehmendem Maße. Es erscheint uns als ein wesentlicher Bestandteil im Beratungsvorgang. Denn einzig eine auf Christus bezogene Beratung, in der ER letztlich der Handelnde bleibt, darf auch den Anspruch erheben, eine wirklich auf den Menschen bezogene und ihm gerecht werdende Beratung zu sein.

Wir wissen nicht, wo dieses hübsche Mädchen heute ist. Aber wir erinnern uns an die Worte, die uns für sie eingegeben wurden. Es waren genau die Worte des Apostels Paulus, die wir oben zitiert haben. Wir sprachen ihr den Segen Gottes zu, damit sie sich als Dienerin Gottes erweisen möge – traurig, aber allezeit fröhlich.

Weitere Bücher von Walter Trobisch
im R. Brockhaus Verlag Wuppertal

Walter Trobisch
Kleine Therapie für geistliche Durststrecken
7. Auflage, 48 Seiten, kart.,
R. Brockhaus Taschenbuch Nr. 271
Geistliche Durststrecken, in denen Bibellesen zu lästigen Pflicht wird und Gott schweigt, erlebt jeder Christ dann und wann. Walter Trobisch beschreibt einige der Ursachen solcher Dürreperioden und gibt praktische Anleitung zu ihrer Überwindung.

Walter Trobisch
Liebe ist ein Gefühl, das man lernen muß
17. Auflage, 44 Seiten, kart.,
R. Brockhaus Taschenbuch die reihe 2001
Ein Taschenbuch für junge Leute, das eindrucksvoll schildert: Liebe bedeutet nicht, auf Wolken zu schweben. Liebe und Partnerschaft wollen gelernt sein.